BEI GRIN MACHT SICH IHR WISSEN BEZAHLT

Bibliografische Information der Deutschen Nationalbibliothek:

Die Deutsche Bibliothek verzeichnet diese Publikation in der Deutschen National-
bibliografie; detaillierte bibliografische Daten sind im Internet über http://dnb.d-
nb.de/ abrufbar.

Impressum:

Copyright © 2010 GRIN Verlag, Open Publishing GmbH
Druck und Bindung: Books on Demand GmbH, Norderstedt Germany
ISBN: 978-3-668-13782-0

Dieses Buch bei GRIN:

http://www.grin.com/de/e-book/157504/einsatzoptimierung-von-lkw-flotten-durch-
telematik

Inga Heidebauer

Einsatzoptimierung von LKW- Flotten durch Telematik

GRIN Verlag

GRIN - Your knowledge has value

Der GRIN Verlag publiziert seit 1998 wissenschaftliche Arbeiten von Studenten, Hochschullehrern und anderen Akademikern als eBook und gedrucktes Buch. Die Verlagswebsite www.grin.com ist die ideale Plattform zur Veröffentlichung von Hausarbeiten, Abschlussarbeiten, wissenschaftlichen Aufsätzen, Dissertationen und Fachbüchern.

Besuchen Sie uns im Internet:

http://www.grin.com/

http://www.facebook.com/grincom

http://www.twitter.com/grin_com

Abbildungsverzeichnis

1. Einleitung

Würde Ihnen in der TV Sendung „Wer wird Millionär" die Frage gestellt:

Was ist „Telematik"? und Sie bekämen die Antwortmöglichkeiten:

a) eine Technologie, die die Umwelt schont

b) eine Technologie , die Zeitersparnis bringt

c) eine Technologie, die hilft, Geld zu sparen

d) eine Technologie, die uns stressfreier macht

dann wären alle vier Antworten richtig, und es gäbe noch einige mehr.

Der Begriff Telematik wurde 1978 durch Alain Minc und Simon Nora geprägt.

Er setzt sich aus Telekommunikation und Informatik zusammen, ist also eine Technologie, die beide miteinander verbindet.

Die Telematik befasst sich mit den unterschiedlichsten Bereichen wie z.b. Mobil- und Telefonnetze sowie Internet, aber auch mit Spezialgebieten wie:

- Flottenmanagement
- Gebäudeautomatisierung
- E- Commerce
- Sicherheitstelematik
- Bildungstelematik
- Medizintelematik
- **Verkehrstelematik**

Zum Ende des 20. Jahrhunderts wurde es durch ein neues Umweltbewusstsein, durch steigende Mineralölkosten und Mineralölknappheit, sowie durch steigende Unfallzahlen und ein immer stärker werdendes Verkehrsaufkommen immer wichtiger, sowohl den Individual-, den öffentlichen Nah- und Fern-, wie auch den Güterverkehr sicherer, ökologischer und effizienter abwickeln zu können.

Hinzu kam, dass die Zukunftsprognosen düster waren. Es war absehbar, dass das Verkehrsaufkommen steigen würde und damit auch die Zahl und Länge der Staus.

Kraftstoff und Zeit und damit auch viel Geld würden vergeudet, Natur, Umwelt und die Gesundheit der Menschen würden dauerhaft geschädigt.

Auch durch die Globalisierung stieg das Verkehrsaufkommen und die Ansprüche der Kunden auf schnelle Lieferung (Just-in-Time Konzept) nahmen zu.

Um Zukunftslösungen zur Verbesserung der Situation für Deutschland und Europa zu finden, wurden zahlreiche Studien und Testversuche in Auftrag gegeben, denn allen Beteiligten war klar, dass der Einsatz von Verkehrsfunk oder Mobilfunk nicht ausreichend war.

So rückte der Begriff Verkehrstelematik in den Fokus von Öffentlichkeit, Politik, Wirtschaft und Forschung.

2. Was ist Verkehrstelematik?

2.1 Der Begriff Verkehrstelematik

Als international üblicher Begriff für die Verkehrstelematik gilt **IST (Intelligent Transport Systems)**. Verkehrsbezogene Daten werden systematisch erfasst, übermittelt, verarbeitet und genutzt, um den Verkehr durch Nutzung von Kommunikations- und Informationstechnologien besser zu gestalten, zu lenken, seine Teilnehmer zu informieren und ihr Verhalten zu beeinflussen.

Verkehrstelematik ist der Oberbegriff für alles, was mit Fahrzeugen, ihren Fahrern, der Lieferung von Waren und dem Einsatz von Informationsmitteln in einem Fahrzeug zu tun hat. Sie dient der Koordinierung von Luft-, See-, Schienen- und Straßenverkehr. Grundsätzlich lässt sich die Verkehrstelematik in kollektiven und individuellen Systemen erkennen. **Zu kollektiven Telematiksystemen** gehören u.a. die zur Messung der Verkehrsdichte an den Autobahnen installierten Wechselverkehrszeichen[1]. Auf Basis der Vermittlung von Informationen über Verkehrszustände, werden alle Verkehrsteilnehmer, über wechselnde Verkehrszeichen, Höchstgeschwindigkeits- und Textanzeigen zu einer Veränderung ihrer Fahrweise verbindlich aufgefordert, um einen reibungslosen Verkehrsfluss zu gewährleisten. Die folgende Abbildung verdeutlicht den Einsatz der kollektiven Telematiksysteme im öffentlichen Verkehr.

---

[1] Vgl. http://www.bmvbs.de/Verkehr/Mobilitaet-und-Technologie-,1771/Digitaler-Verkehrskanal.htm.Abfrag.19.04.2010

Ohne ITS	Keine Datensammlung
	→ Statische Anzeigen
Mit ITS	Datensammlung über induktionsschleifen
—von Zentrale	+ Datenverarbeitung in Verkehrsleitzentrale
	+ Anzeige auf Wechsel-verkehrszeichen
→ zur Zentrale	→ Situationsgerechte Anzeigen

Abbildung 1: Vorgeschriebene Höchstgeschwindigkeit mit ITS [2]

Individuelle Telematiksysteme weisen ähnliche Funktionen auf wie kollektive Telematiksysteme. Hier sind Informationen, Leitanweisungen jedoch auf den einzelnen Verkehrsteilnehmer abgestimmt. Dynamische Routenempfehlungen berechnen auf der Grundlage der aktuellen Verkehrssituation die jeweils zeitschnellste Verbindung für einen vom Verkehrsteilnehmer vorgegebenen Start- und Zielpunkt. Im Falle eines Staus werden von den Systemen alternative Routen empfohlen[3].

Die folgende Abbildung verdeutlicht die Unterstützung der individuellen Verkehrstelematik bei der Wegfindung (Navigation).

---

[2] Übernommen von:http://www.its-munich.de/pdf/Verkehrstelematik/Uebersicht_Verkehrstelematik-Sodeikat[1].pdf. Abruf 15.05.2010

[3] Vgl. http://www.bmvbs.de/Verkehr/Mobilitaet-und-Technologie-,1771/Digitaler-Verkehrskanal.htm Abruf 17.05.2010

Ohne ITS	Mit ITS
Straßenkarte klassisch	Straßenkarte digitalisiert
Wegfinden per „Auge" und „Finger"	Zieleingabe per Drehknopf
	Verkehrsberechnung automatisch
	+ Verkehrsinformation per Funk
	⇩
	Verkehrsabhängige Route

Abbildung 2:Wegfindung „Navigation" mit ITS [4]

2.2 Ziele der Verkehrstelematik

Die Verkehrstelematik setzt sich folgende Ziele:

- Verringerung der Umweltbelastung (Ausstoß von CO_2)
- Verbesserung der Effizienz vorhandener Verkehrsinfrastrukturen
- Vermeidung von Leer- und Suchfahrten
- Vermeidung und Umfahrungsmöglichkeiten von Staus
- Kombination der Vorzüge einzelner Verkehrsträger (Straße, Schiene, Luft, Wasser)
- Verbesserung der Verkehrssicherheit und damit die Verringerung von Unfällen und Staugefahr.

In der heutigen Zeit ist die Verkehrstelematik nicht mehr wegzudenken.

Von besonderer Bedeutung für den Güterverkehr ist die Flottentelematik.

---

[4]Übernommen von: http://www.its-munich.de/pdf/Verkehrstelematik/Uebersicht_Verkehrstelematik-Sodeikat[1].pdf Abruf 15.05.2010

3.   Was ist Flottentelematik?

3.1   Der Begriff Flottenmanagement

Flottenmanagement oder Flottensteuerung, auf Englisch Fleet Management, ist das Verwalten, Planen, Steuern und überprüfen von Fahrzeugflotten (Fuhrpark). Dabei werden Wegstrecken von Fahrzeugen (LKW, PKW, Schiff, Bahn) unter Vereinigung bestimmter Einflussfaktoren z.b. Mitarbeiter mit gegebenen   Führerscheinklassen oder Spezialwissen aufeinander abgestimmt und festgelegt. Probleme sollen von einem Flottenmanagement frühzeitig erkannt, beseitigt oder von vornherein umgangen werden[5]. Unternehmen können durch modernes Flottenmanagemet ihre Kosten minimieren und den Fuhrpark effizienter nutzen. Flottenmanagementsysteme beinhalten u.a. folgende Kernbereiche:

Transportmanagement zur logischen Steuerung der Fahrzeuge (u.a. Kommunikationsmöglichkeiten zwischen Disponent und Fahrer, Auftragsübermittlung, Sendungsverfolgung).

Verkehrsmanagement zur Fahrzeitverkürzung durch dynamische Navigationssysteme.

Fahrzeugmanagement zur technischen Überwachung und Führung des Fuhrparks (Ferndiagnose, optimierte Reparaturzeiten)[6].

3.2   Der Begriff Flottentelematik

Der Kampf um Marktanteile in der Speditions- und Logistikbranche nimmt stetig zu. Dabei sind Rentabilität, Flexibilität und Kundenservice die größten Herausforderungen, die durch den Einsatz der Flottentelematik und damit einer Vernetzung von Dispositionszentrale und Fahrzeugen bewältigt wird. Um Transportaufträge kostengünstig abzuwickeln, den Fahrzeugeinsatz optimal zu disponieren und Unterhalts- wie Wartungskosten auf ein Minimum zu reduzieren, werden moderne Software- und Hardwarelösungen eingesetzt.

---

[5] Vgl. http://www.datcom.de/Info_Aktuelles/FAQ.php. Stand.12.05.2010.

[6] Vgl. http://books.google.de/books?q=telematik+E+business&btnG=Nach+B%C3%BCchern+suchen Telematik für Transportsdienstleister. Quitzsch Rüdiger.Stand 2008. Abruf.2.05.2010

3.3 Technische Geräte und ihre Anwendung

Um ein Telematik-System nutzen zu können, benötigt man:

einen Internetzugang, ein Endgerät im Fahrzeug, je nach Ansprüchen: Handy mit GPS (Global Positioning System) bis Bordcomputer, eine Mobilfunk-Sim-Karte für die Datenkommunikation. Freischaltung zum Telematik-Portal. Die folgende Abbildung veranschaulicht die verschiedenen Funktionszusammenhänge von Telematiksystemen im Güterverkehr.

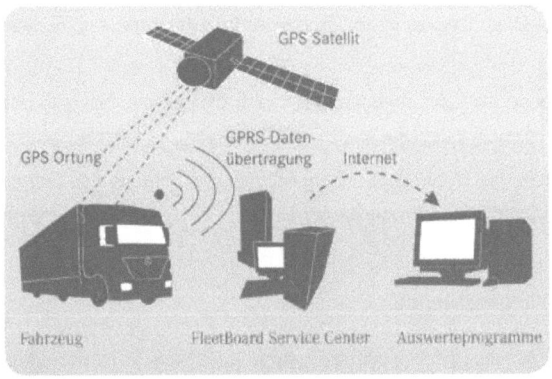

Abbildung 3: Funktionsweise eines Telematiksystems[7]

Telematik verbindet Navigation, Telekommunikation und Informatik. Im Fahrzeug wird zuerst ein spezieller Bordrechner installiert. Der Bordrechner empfängt Signale von GPS-Navigationssatelliten und berechnet daraus die aktuelle Position des Fahrzeuges. Das Fahrzeugendgerät sendet die kalkulierte Position und weitere Informationen aus dem Fahrzeug und vom Fahrer an einen zentralen Rechner. Zur Datenkommunikation wird dabei „GPRS" (**General Packet Radio Service)** gebraucht, ein allgemein verwendetes Datenübertragungsverfahren im Mobilfunknetz. Im Fahr-

---

[7] Übernommen von: http://www.fleetboard.info/de/funktionsweise.htm. Abruf.05.15.2010

zeugendgerät befindet sich daher eine Mobilfunk-SIM-Karte eines Telekommunikationsanbieters[8].

3.4 Nutzungsmöglichkeiten der Telematiksysteme

Telematksysteme bieten viele Nutzungsmöglichkeiten an:

- Aktuelle Informationen in Echtzeit
- Kartenmaterial für West- und Osteuropa
- Automatische Erstellung des Fahrtenbuches
- Diebstahlschutz
- Unterstützung für die Disposition
- Erhöhung der Verkehrssicherheit
- Kontrollmöglichkeiten bei der Fahrtzeit
- Fahrzeugüberwachung
- Steigerung betriebswirtschaftlicher Nutzen
- Reduzierung von Umwegen und Leerfahrten
- optimale Routenplanung
- schneller Datenaustausch
- Sendungsverfolgung
- Senkung der Betriebskosten
- Verbesserung im Service
- Steigerung der Kundenzufriedenheit
- optimale Nutzung des Transportraums

3.5 Technische Geräte aus der Praxis und ihre Funktion

---

[8]Vgl. http://www.itmittelstand.de/startseite/itm-news/archive/2008/februar/artikel/677/telematik-einblick-in-die-zukunft.htm.Stand.28.02.2008.Abruf 24.04.2010

Es gibt eine Fülle technischer Geräte, die u.a. auch von den LKW Fabrikanten wie VOLVO oder Mercedes angeboten werden. So wirbt Mercedes mit **FLEETBOARD, DispoPilot** und LKW **Navigation**, Schlagworte im Werbeprospekt sind: "Mit **FleetBoard** Transportmanagement zu mehr Effizienz in den Logistikprozessen. Via Satellit kann die Fahrzeugdisposition jederzeit ermittelt werden. Daten von und zum Fahrzeug werden mit modernster Mobilfunktechnik übertragen. Hochleistungsrechner verarbeiten alle Informationen und stellen sie Unternehmer, Disponent oder Fuhrparkleiter passwortgeschützt im Internet zur Verfügung. Der Fahrer wird in seinem Fahrzeug durch einfach zu bedienende Technik unterstützt. In der Disposition ist schnelles und überlegtes Handeln gefragt. Damit der Disponent einen kühlen Kopf bewahren kann, unterstützt ihn **FleetBoard** bei der Tourenplanung sowie der Tourenüberwachung. Übersichtlich, in einer Liste dargestellt, findet der Disponent alle Touren, Aufträge und zur Verfügung stehende Fahrzeuge. Somit kann er für jedes Fahrzeug die optimale Tour planen und erhält aktuelle Positions- und Statusmeldungen der einzelnen Fahrzeuge. Die Sendungsverfolgung gibt Speditionskunden via Internet Auskunft über den aktuellen Status und die Position ihrer Sendungen. Der Disponent erfasst alle wichtigen Informationen, z.B. die Zielvorgabe für die Navigation im Auftragsformular, welches an den **DispoPilot** im Fahrerhaus geschickt wird. Er erhält Empfangs- und Lesebestätigungen sowie Statusmeldungen vom Fahrer und kann die Ankunfts- und Abfahrtszeiten im Auge behalten. Auftrags- und Tourendetails werden vom Disponenten auf den Bildschirm seines **DispoPilot** gesendet und er bestätigt diese per Knopfdruck. Fahrer mit wechselnden Touren in unterschiedlichen Ländern wissen die **LKW Navigation** zu schätzen, die ihnen den richtigen Weg weist. Mit der Übertragung der Auftragsdaten können die enthaltene Liefer- oder Abholadresse direkt in die Navigation übernommen werden. Besonders beliebt ist die Anzeige der Routenliste im Textformat mit vorangestellten Entfernungsangaben oder die Anzeige der gesamten Route auf einer Karte"[9]. Die folgende Abbildung zeigt ein Mustergerät von FleetBoard:

---

[9] Vgl. http://www.fleetboard.info/Fleetboard_downloads/Broschueren/TM.pdf. Abfrage am 13.05.2010

Auftragsmanagement

Navigation

Zeitwirtschaft

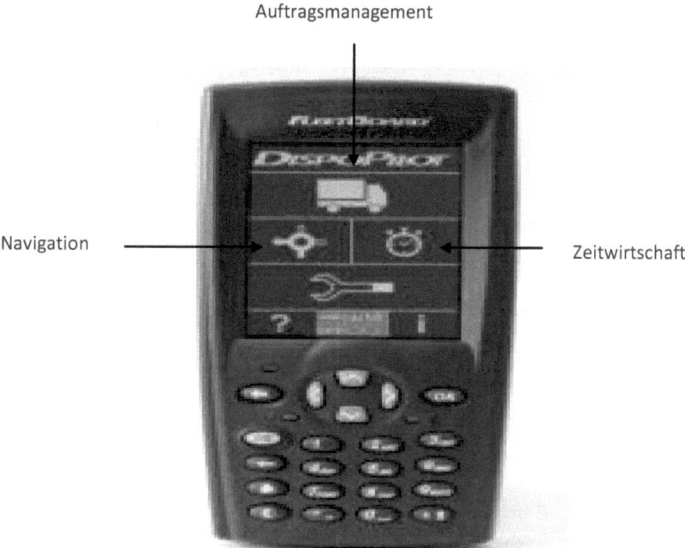

Abbildung 4: FleetBoard / DispoPilot[10]

4. Warum ist eine Einsatzoptimierung bei LKW-flotten wichtig?

4.1 Vorteile für den Unternehmer

➢ Die Fahrzeuge werden besser ausgelastet und Leerfahrten vermieden

Durch das Internet oder die Vernetzung verschiedener Unternehmen können so genannte „Laderaumbörsen" kurzfristig genutzt werden. Hier ist auf die Schnelle zu erkennen wo, wann, wie viel und womit plötzlich frei gewordene Kapazitäten aufgefüllt werden können.

➢ Lieferwege und damit Lieferzeiten werden verkürzt

Die Routenplanung kann durch das Zusammenspiel aller Beteiligten optimiert werden. Es ist zu überprüfen, ob die vorgesehene Lieferzeit die günstigste ist. Herrscht zu dieser Zeit auf dem Fahrweg ein durch Rushhour bedingter Stau? Sind genau zu diesem Zeitpunkt noch viele andere Anlieferer vor Ort, so dass lange Wartezeiten

---

[10]Übernommenvon:.http://www.fleetboard.info/Fleetboard_downloads/Broschueren/TM.pdf. Stand 04.05.2010

entstehen? Dann sollte man mit dem Kunden andere Zeiten absprechen und die Route ändern.

➢ Den Treibstoffverbrauch und –kosten zu reduzieren

Die LKW Hersteller bauen den so genannten „CAN-Bus-FMS-Standard" (Kontrolle des Treibstoffverbrauchs) in ihre Fahrzeuge ein, der den Treibstoffverbrauch anzeigt. Durch den Einbau zusätzlicher Elektronik und einer speziellen Softwarekonfiguration können diese Daten online angezeigt und über einen längeren Zeitraum verglichen werden. Somit ist es möglich, dem Fahrer aufzuzeigen, ob seine Fahrweise wirtschaftlich ist und mit ihm ggf. Verbesserungsmaßnahmen abzusprechen oder das Fahrzeug auf technische Mängel zu überprüfen.

➢ Es kommt nicht zu unnötige Standzeiten und Überstunden beim Fahrer

Schnelle Nachrichten zwischen Dispositionszentale und Fahrer in beiden Richtungen sind möglich, beispielsweise bei Störfällen wie Wartezeiten beim Kunden oder beim Be- und Entladen, Stau, Unfall, oder Panne am eigenen Fahrzeug werden umgehend mitgeteilt. Aus der Zentrale wird der Kunde informiert. Die Benachrichtigung eines Pannendienstes ist möglich. Ein Ersatzfahrzeug kann bereitgestellt werden.

➢ Kosten werden gesenkt

Um Kosten zu senken, muss erfasst werden:
"Wurde die Ware im erwarteten Zeitfenster angeliefert, hat das Abladen die Sollzeit erreicht oder unterschritten? Wurde die richtige Wegstrecke gewählt?"[11]
Durch den Einsatz moderner Navigationsgeräte und eine gute Routenplanung werden die Betriebskosten (Treibstoff, Abnutzung, Mautgebühren, Gehälter für Fahrer usw.) gesenkt.

➢ Verwaltungsarbeiten werden reduziert und effizienter

Um Verwaltungsarbeiten zu reduzieren und effizienter zu machen, müssen die Daten aus den unterschiedlichen Buchhaltungen wie Fuhrparkcontrolling, Betriebskostenstelle, Personalbuchhaltung, Logistikabteilung und Anlagenbuchhaltung zusammengeführt werden. So kann man vergleichende logistische Kennzahlen errechnen und nutzen.

➢ Abrechnungen erfolgen nach dem jeweiligen Aufwand

Es wird durch den Routenplaner festgestellt, in welchem Tourengebiet die Entladestelle bzw. Beladestelle liegt. Denn wenn sich diese außerhalb der kalkulierten Stre-

---

[11]Vgl. Stausberg, Jürgen (2008): Fuhrparkcontrolling mit Telematik, Weinheim 2008, S.22

cke befindet, entstehen zusätzlich Kosten, die zu berechnen sind. Ebenso müssen Entlade- und Rangieraufwand, sowie Belade- und Entladungszeiten festgestellt werden. Wenn diese typisiert sind und Kennzahlen erhalten, sind sie für die Buchhaltung durch ein entsprechendes EDV-Programm leichter und gerechter abzurechnen. Durch den Einsatz der Telematik kann die Abrechnung mit dem Kunden beschleunigt werden. Ablieferungsbelege werden auf einer Internetplattform zum Abruf bereitgestellt und es ist möglich die digitale Unterschrift auf allen Frachtbriefen zu verwenden. So ist eine schnellere Abrechnung möglich und Rechnungen werden schneller bezahlt. Der gesamte Schriftverkehr kann digital ausgeführt werden, so fallen Portokosten, Wege zur Post oder zum Steuerberater weg und es wird viel Papier und Arbeitszeit gespart.

4.2   Vorteile für den Kunden

➢   Liefertermine werden eingehalten

Wird bei einer Bestellung nur ein ungefährer Liefertermin genannt, empfindet das der Kunde als Nachteil. Es ist von großer Bedeutung, die Transportplanung übersichtlich und jederzeit an den wichtigen Schnittstellen z.B. Auftragsannahme, Disposition, Verladestelle usw. zu gängig zu machen. So können Zuladung oder Lieferweg kurzfristig geändert werden. Eine Adressprüfung ist möglich, um das Liefergebiet zuzuordnen, damit der Fahrer schnell und pünktlich das richtige Ziel erreicht.

➢   Auf Änderungen der Auftragssituation kann schnell reagiert werden

Wünscht der Kunde z.B. eine schnelle Rechnungslegung kann diese sofort erfolgen, nach dem in der Zentrale ersichtlich ist, dass die Ware ausgeliefert ist. Sollte der Kunde am Tage der Auslieferung noch nachordern, ist es möglich, durch eine digitale Überprüfung der Lagerbestände, des freien Frachtraumes und des Zeitfensters bis zum anschließenden Liefertermin, seinen Wünschen zu entsprechen.

➢   Lieferwege werden transparenter gemacht

Durch die Möglichkeit in der Dispositionszentrale wie auch beim Kunden jederzeit zu sehen, wo sich die jeweilige Lieferung momentan befindet (**Tracking & Tracing**), können dem Kunden genaue Antworten bei Anfragen zum Lieferverlauf gemacht werden. Auf Reklamationen oder Änderungen ist eine sofortige Reaktion möglich.

4.3 Vorteile für die Gesellschaft

> Gesetzliche Vorschriften

Gesetzliche Vorschriften z.b. erlaubte Fahrzeiten, Temperatureinhaltung bei Kühl-fahrzeugen, Vorschriften für Gefahrguttransporte, zulässiges Beladungsgewicht usw. werden eingehalten. Durch den Einsatz des elektronischen Fahrtenschreibers sind die Fahrer gezwungen, gesetzlich vorgeschriebene Ruhepausen einzuhalten. Eine Manipulation ist so gut wie ausgeschlossen. Durch den Einsatz von Can-Bus werden Daten wie Laderaumkühlung oder Achsenlast über den gesamten Lieferweg dokumentiert. Auch die Radio-Frequenz-Identifikation (RFID) entwickelte eine besondere Branchenlösung für Lebensmittelhersteller für die Erhaltung der Qualität, um damit einen verlässlichen temperaturgeführten Transport anbieten zu können. Bei einigen Logistikfirmen können kühlpflichtige Produkte in einer Temperaturzone zwischen 2 und 8 Grad Celsius transportiert werden. Die Temperatur wird dabei über den gesamten Transportweg gemessen, überwacht und lückenlos dokumentiert.[12]

> Die allgemeine Verkehrssituation entspannt sich

Durch den Einsatz optimaler Routenplanung werden die Wegstrecken und Fahrzeiten verkürzt. Durch eine optimale Auslastung der Lademengen können Fahrzeuge eingespart werden. So sinkt das allgemeine Verkehrsaufkommen.

> Die Umwelt wird geschont

Durch den Einsatz von Treibstoffverbrauchsanzeigen wird der Kraftstoffverbrauch verringert und die Emissionen gesenkt.

5. Vorteile und Nachteile von Verkehrstelematik

5.1 Vorteile

Modernste Telematik-Technik, zukunftssichere Lösungen sowie modular aufgebaute Dienste und Geräte garantieren die Investition in ein verlässliches Arbeitsinstrument, dessen Einführungskosten übersichtlich sind und eine Refinanzierung von 12 Monaten ermöglichen. "Im Güterverkehr lassen sich u.a. durch elektronische Frachtbörsen und Systeme für ein integriertes Frachtmanagement erhebliche Potentiale zur

---

[12]Vgl. Online http://de.wikipedia.org/wiki/Radio_Frequency_Identificatio.Abruf.18.05.2010

Auslastungssteigerung und Verringerung von Leerfahrten erschließen"[13]. Die Potenziale der Verkehrstelematiksysteme lassen sich sowohl in qualitative wie auch in quantitative Nutzen wie folgt unterteilen:

Qualitative Nutzen:

- Effizienzsteigerung
- höhere Kundenzufriedenheit
- Integration aller Geschäftsprozesse in einem System
- Vermeidung von Leerfahrten
- strukturierter Arbeitsablauf
- Kontrolle von Sub-Unternehmen
- Kontrolle der Auslieferungen
- effiziente Kommunikation zwischen Fahrer und Disponent

Quantitative Nutzen:

- Senkung der Kosten
- Reduzierung der Kommunikations- und Verwaltungskosten
- effiziente und optimale Fahrzeugsteuerung
- Senkung von Reparatur- und Ausfallzeiten
- optimale Nutzung der Ladekapazitäten
- Reduzierung des Kraftstoffverbrauchs
- zeitoptimiertes Auftragsmanagement
- keine hohen Investitionskosten / Refinanzierung in kurzer Zeit

5.2 Nachteile

Warum findet die Flottentelematik, trotz so vieler klar ersichtlicher Vorteile, immer noch nicht in allen Betrieben ihre Anwendung? Zum einen gibt es sicherlich eine Hemmschwelle vor dem Fremden und Neuen. Viele Anbieter gestalten ihr Informations- und Werbematerial zu unübersichtlich bei den Produkten und ihren Funktionen und verwenden viele Fremdworte oder Kunstworte, die ein schnelles Verstehen erheblich erschweren oder die Lust am Weiterlesen nehmen. Der einzusetzende Kostenaufwand erscheint zunächst sehr hoch und die Fragen „Lohnt sich die Investition für meinen Betrieb?" und „Wie schnell hat sich das amortisiert?" stellen sich. Es ist

---

[13]Vgl. http://library.fes.de/fulltext/fo-wirtschaft/00345005.htm.Abruf 25.05.2010

nicht mit der Anschaffung einiger Geräte und ihrem Einbau getan. Hat man eine Entscheidung für die Flottentelematik getroffen, müssen alle Mitarbeiter des Betriebes motiviert werden, um durch einen Mehraufwand von Zeit, Arbeit und Kreativität das gemeinsame Ziel zu erreichen. Viele, viele Daten sind zu berechnen, zu erfassen und zu dokumentieren. Fahrer, Lagerarbeiter, Büroangestellte, Controller usw. müssen geschult werden, was viel Zeit und Geld kostet und bei allen sind eine gewisse Bereitschaft und auch geistige Fähigkeiten eine unabdingbare Voraussetzung. Ist der eigene Betrieb fit gemacht und der Einsatz der Flottentelematik läuft problemlos, stößt man oft auf neue Hindernisse, zum Beispiel auf Subunternehmer, die nicht mit dieser arbeiten, oder im grenzübergreifendem Verkehr, bei der Umladung auf Schiffe, Bahnen (Modalsplit). Es bedarf also eines langen Atems, aber wie sagte schon Konfuzius „ Der Weg ist das Ziel" und wenn sich nach und nach alle auf diesen Weg begeben, wird hoffentlich in absehbarer Zeit die Flottentelematik in jedem Fahrzeug so selbstverständlich sein wie der Sicherheitsgurt, der auch zunächst auf viele Widerstände traf und wenig Gegenliebe fand.

6. Fazit

Allein diese Auflistung von möglichen Faktoren zeigt wie viel Potenzial in der Einsatzoptimierung von LKW-Flotten liegt und weitere technische Entwicklungen bergen noch viele Möglichkeiten.

Utopien wie eine Untertunnelung des Ruhrgebietes, zentral gelenkte Fahrzeuge, in denen der Mensch mehr als Passagier als denn als Fahrzeugführer fungiert, werden wahrscheinlich sowohl an den Finanzierungsmöglichkeiten wie auch an der Einschränkung des Einzelnen scheitern.

Quellen und Literaturverzeichnis

Bücher:

Stausberg, Jürgen: Fuhrparkcontrolling mit Telematik- Ein Weg zur Kostensenkung im Fuhrpark. Books on Demand GmbH Verlag, Norderstedt,2008.

Müller, Günther. Hohlweg Georg: Telematik im Straßenverkehr. Springer Verlag, Berlin, 1995.

Schriftenreihe der deutschen Verkehrswissenschaften Gesellschaft e.V.: Güterverkehr und Telematik,1998.

D.Krönig / F.J.Radermacher: Mobilität durch Telematik, Chancen für die wirtschaftsstandorte Deutschland und Europa, Universitätsverlag Ulm GmbH, 1996.

Internet:

Vgl. http://www.bmvbs.de/Verkehr/Mobilitaet-und-Technologie-,1771/Digitaler-Verkehrskanal.htm. Abfrag am 19.04.2010

Übernommen von:

http://www.itsmunich.de/pdf/Verkehrstelematik/Uebersicht_Verkehrstelematik-Sodeikat[1]pdf. Abruf 15.05.2010

Vgl. http://www.bmvbs.de/Verkehr/Mobilitaet-und-Technologie-,1771/Digitaler-Verkehrskanal.htm. Abruf 17.05.2010

Vgl. http://www.datcom.de/Info_Aktuelles/FAQ.php. Stand.12.05.2010

Vgl.http://books.google.de/books?q=telematik+E+business&btnG=Nach+B%C3%BCchern+such
Telematik für Transportsdiensleister. Quitzsch Rüdiger.Stand 2008. Abruf.2.05.2010 S.27-34

Übernommen von: http://www.fleetboard.info/de/funktionsweise.htm. Abruf.05.15.2010

Vgl. http://www.itmittelstand.de/startseite/itm-news/archive/2008/februar/artikel/677/telematik-ein-blick-in-die-zukunft.htm.

Stand.28.02.2008.Abruf 24.04.2010

http://de.wikipedia.org/wiki/Radio_Frequency_Identificatio.Abruf.18.05.2010kunft.htm.

Stand.28.02. 2008.Abruf 24.04.2010

Vgl. http://library.fes.de/fulltext/fo-wirtschaft/00345005.htm. Abruf 25.05.2010

Vgl. http://www.fleetboard.info/Fleetboard_downloads/Broschueren/TM.pdf Abruf am 13.05.2010 S.2-6

BEI GRIN MACHT SICH IHR WISSEN BEZAHLT

- Wir veröffentlichen Ihre Hausarbeit,
  Bachelor- und Masterarbeit

- Ihr eigenes eBook und Buch -
  weltweit in allen wichtigen Shops

- Verdienen Sie an jedem Verkauf

Jetzt bei www.GRIN.com hochladen und kostenlos publizieren